健身活力唤醒系列

八段锦

《健身活力唤醒》编写组　编

本书主编：王巾轩

化学工业出版社
·北京·

八段锦——广播体操的雏形，历经千年，长盛不衰。

八段锦——八节式医疗、康复体操，简单、易记、易学。

八段锦——男女老少皆宜，强身健体，延年益寿，养生良方。

八段锦——调节和改善神经系统、心血管系统、消化系统、呼吸系统。

打开这本《八段锦》——立式八段锦＋坐式八段锦，一本全收录。

打开这本《八段锦》——"图文＋视频"精解、精讲每一招、每一式。

打开这本《八段锦》——专有名词逐一释义标注，养生穴位挨个图解说明。

打开这本《八段锦》——独家"准备活动＋放松整理"，全套完整练习一学就会。

图书在版编目（CIP）数据

八段锦/《健身活力唤醒》编写组编. —北京：化学工业出版社，2019.6（2024.4重印）

ISBN 978-7-122-34090-0

Ⅰ．①八… Ⅱ．①健… Ⅲ．①八段锦-基本知识 Ⅳ．①G852.9

中国版本图书馆CIP数据核字（2019）第049602号

责任编辑：宋 薇　　　　　　　　　装帧设计：张 辉
责任校对：张雨彤

出版发行：化学工业出版社（北京市东城区青年湖南街13号　邮政编码100011）
印　　装：北京宝隆世纪印刷有限公司
880mm×1230mm　1/24　印张8　字数186千字　2024年4月北京第1版第6次印刷

购书咨询：010-64518888　　　售后服务：010-64518899
网　　址：http://www.cip.com.cn
凡购买本书，如有缺损质量问题，本社销售中心负责调换。

定　　价：39.80元　　　　　　　　　　　　　　　　版权所有　违者必究

前 言

在对国家体育总局推广的健身气功·八段锦的多年练习和教学过程中，针对零基础人群的认知规律和学习特点，对健身气功八段锦进行了多样化的应用，除了立式八段锦内容之外，还创编出八段锦坐功，丰富了八段锦的练习形式。

这本《八段锦》最大的亮点是为每一式都配上了相应的准备活动和放松整理，这些内容可以拆开练习，也可以配合八段锦组合练习。除了传统养生内容外，更加丰富了八段锦的健身内涵，从而使学习者在一次完整的练习课上能够得到更全面的锻炼。

衷心感谢健身气功·八段锦创编课题组负责人杨柏龙老师在八段锦·坐功编写中给予的指导和建议。本书基于作者的教学和练习经验体会，希望能够与大家交流分享，不足之处还望海涵。

目 录

第一章 认识八段锦 1

第二章 练习八段锦的注意事项 2

    第一节 学习方法 4

    第二节 内外部条件 5

    第三节 呼吸方法 6

第三章 准备活动 8

    第一节 呼吸与桩功练习 10

    第二节 颈肩运动 16

    第三节 上肢运动 22

    第四节 躯干运动 34

    第五节 下肢运动 48

第四章 练习健身气功·八段锦 58

    第一节 预备势 60

    第二节 两手托天理三焦 63

    第三节 左右开弓似射雕 68

    第四节 调理脾胃须单举 78

    第五节 五劳七伤往后瞧 85

    第六节 摇头摆尾去心火 92

第七节　两手攀足固肾腰　　104

第八节　攒拳怒目增气力　　111

第九节　背后七颠百病消　　118

第五章　放松整理　　126

第一节　头颈部的放松　　128

第二节　上肢及肩背部的放松　　134

第三节　腰脊放松　　140

第四节　下肢放松　　146

第六章　八段锦·坐功　　154

参考文献　　186

八段锦

第一章
认识八段锦

八段锦的起源可追溯至宋代之前,在明清时期逐渐发展完善,是历代养生家和习练者共同的智慧结晶。

健身气功·八段锦由北京体育大学课题组承担创编任务,继承了传统八段锦各流派的精要,基本保持了传统八段锦的定势动作和风格特点,按照现代运动学和生理学规律,对动作次序和运动强度进行了科学合理的调整,突出健身特点,使整套功法更加完整,安全有效。

健身气功·八段锦注重意气形的综合锻炼,简单易行,具有柔和缓慢、圆活连贯,松紧结合、动静相兼,神与形合、气寓其中的特点。

科研表明,习练健身气功·八段锦有助于改善呼吸系统、神经系统及循环系统的机能,增强细胞免疫功能和机体抗衰老能力,促进心理健康,提高上下肢力量、关节灵活性和平衡能力等。

第二章
练习八段锦的注意事项

八 段 锦

第一节　学习方法

　　首先，对照文字说明和图片掌握动作路线，明确每一拍的动作。然后，将每一拍的动作连贯起来，合成完整的一节。对于比较复杂的动作，可通过小视频，明确动作规格，反复练习、强化记忆。每一节的小视频都包括准备活动、分解动作学习、连贯动作练习、放松整理四个环节，使学习者进行一次完整的学习和运动过程。

　　学习者学完八段锦之后，可以整套练习，也可以根据自己的身体状况和需要有针对性地选择其中的某一节或某几节来练习。书中还为学习者提供了可供选择的准备活动和放松整理动作。

　　练习的过程中需注意循序渐进，量力而行，适量运动。同时，持之以恒才能收到良好的健身效果。

第二节　内外部条件

1. 身体条件

吃饭前后 1 小时，避免进行练习。有失眠现象的，避免在临睡前练习。心血管病人，避免在上午练习。饥饿、饱食、饮酒后不宜练习。身体极度疲惫或烦躁时暂停练习。

2. 环境条件

尽量选择安静、不受干扰、空气清新、通风向阳、没有污染的环境进行练习。冬天在太阳出来之后，室外练习。大风、大雾、雨雪、寒潮等恶劣天气时，宜选择室内练习。

3. 着装要求

着宽松的衣裤，腰带不宜过紧。穿浅口运动鞋，鞋底尽量软。不佩戴饰物。

第三节 呼吸方法

1. 给初学者的建议

对于初学者，在练习的过程中保持自然呼吸，不要憋气即可。

2. 给中级水平的建议

如果已经练习了一段时间，动作非常熟练，可以尝试将动作与呼吸配合起来。基本原则是：起吸落呼、开吸合呼。例如，两手托天理三焦，两手交叉上托时吸气，两手下落时呼气。如果呼吸的频率较快，也可将原来的吸气改成一吸一呼，即两手交叉上托至胸前时吸气，两手继续上撑时呼气；两手分开肩膀下沉时吸气，两手下落回到腹前时呼气。

3. 给提高阶段的建议

待动作和呼吸能够很好地配合之后，可以尝试采用腹式呼吸。有两种方式：顺腹式呼吸和逆腹式呼吸。简单说来，顺腹式呼吸，吸气的时候腹部隆起，呼气的时候收腹、提肛；逆腹式呼吸，吸气的时候提肛、收腹，呼气的时候放松还原。相比较而言，顺腹式呼吸在操作上更容易，而逆腹式呼吸对内脏的按摩强度更大。练习者可根据自己的实际情况选取适宜的呼吸方式。在停顿动作上，可尝试闭气。如两手托天理三焦，上托到最大幅度、目视前方之后，停顿 2 秒钟，同时闭气 2 秒钟。高血压病、心脏病患者不可采用此方法。

第三章
准备活动

  本章为大家介绍了五节准备活动，可以根据主要练习内容采用其中的某一节、某几节或某几个动作作为练功前准备，不仅适用于健身气功、太极拳、瑜伽等比较舒缓的运动项目，也适用于武术套路、体育舞蹈等较为激烈的运动项目，并可作为独立的活动内容进行练习。

八 段 锦

八 段 锦

第一节 呼吸与桩功练习

1. 凝神静气

（1）并步站立，周身放松，目视前方。

（2）左脚开步与肩同宽；两手面前合掌，目视前下方；自然呼吸；保持 30 秒～1 分钟。

2. 混元导气

（1）随着呼气，两手从体前下按，屈膝下蹲。

（2）随着吸气，两手从两侧向上托起，两腿伸直。

（3）反复3～6次。

3. 抱球势

（1）随着吸气，两臂内旋侧起。

（2）随着呼气，两臂外旋、画弧，合抱于腹前，微屈膝下蹲；指尖相对，掌心对准小腹；保持1分钟以上。

（3）注意保持身体左右对称，脚尖朝前，膝盖对正脚尖方向。松髋、敛臀，沉肩、垂肘、头正、颈直。初学时，可面对镜子进行调整。

4. 开合拉气

（1）随着吸气，两手向两侧分开。

（2）随着呼气，两手回到腹前，掌心相对。

（3）反复3～6次。

5. 意守呼吸

（1）两掌相叠盖于小腹之上，左手在内。

（2）将注意力集中在呼吸上，可采用顺腹式呼吸或逆腹式呼吸。顺腹式呼吸时，随着吸气腹部隆起，随着呼气腹部内收、提肛；逆腹式呼吸时，随着吸气提肛、收腹；随着呼气，放松还原。

（3）一吸一呼为一次，做3～6次。

6. 摩腹

（1）按顺时针方向按揉腹部3～6圈。

（2）按逆时针方向按揉腹部3～6圈。

7. 升降气机

（1）随着吸气，两臂向前抬起，与肩同高同宽。

（2）随着呼气，两手下落，按于腹前；指尖朝前。

8. 扶按势

两手按于腹前，位于两脚上方。注意调整基本身形，左右对称、沉肩、微屈肘，头颈正直。保持1分钟以上。

扫码即可观看
准备活动1
呼吸与桩功

第二节　颈肩运动

1. 头颈转动

（1）左转头至最大幅度。

（2）右转头至最大幅度。

（3）低头至下巴尽量触碰胸骨，不要含胸。

八 段 锦

（4）抬头，咬紧牙关。

（5）头向左倒，尽量靠近左肩，保持右肩下沉。

（6）头向右倒，尽量靠近右肩，保持左肩下沉。

2. 写"米"字

用头写"米"字,速度中等,幅度尽量大。

3. 提肩

(1)开步站立,左肩上提,保持2秒,放松下落。

(2)右肩上提,保持2秒,放松下落。

(3)双肩同时上提,保持2秒,然后放松下落。

4. 绕肩

(1)两肩同时向前绕环。

(2)两肩同时向后绕环。

(3)两肩交替向前绕环。

(4)两肩交替向后绕环。

扫码即可观看
准备活动2
肩颈运动

第三节　上肢运动

1. 抡臂

（1）两臂同时向前抡甩。

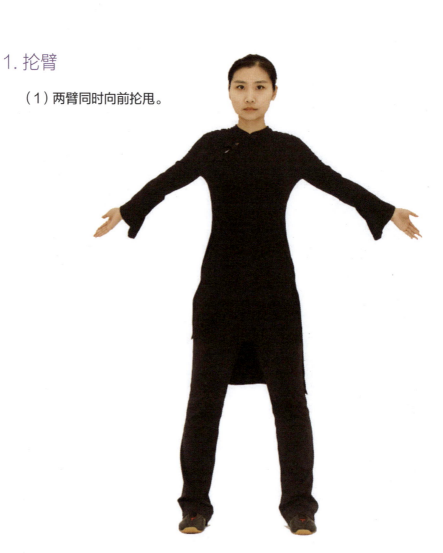

（2）两臂同时向后抡甩。

八 段 锦

（3）两臂交替向前抡甩。

（4）两臂交替向后抡甩。

2. 旋臂

（1）两臂侧起45°左右，指尖指向斜下方。

（2）两臂内旋至最大幅度。

（3）两臂外旋至最大幅度。

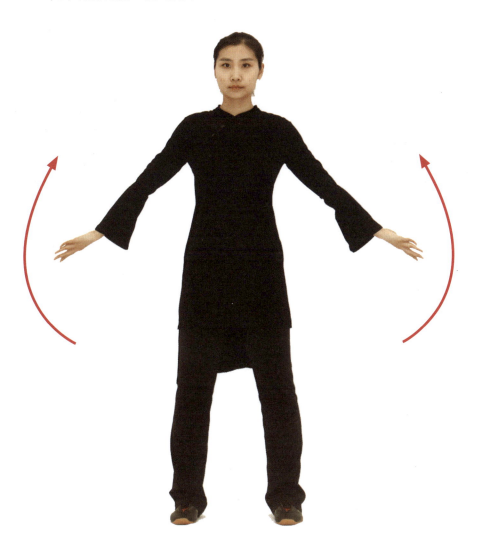

3. 缠臂

（1）两臂在体前手背相贴，由内向外缠绕，再由外向内缠绕。

第三章 准备活动

八段锦

（2）两臂在体侧分别做平圆缠绕，先由内向外画圆，再由外向内画圆。

八 段 锦

（3）两臂在体侧同时做立圆缠绕，先由两侧向中心画圆，再由中心向两侧画圆。

第三章 准备活动

扫码即可观看
准备活动3
上肢运动

第四节 躯干运动

1. 伸展

（1）开步站立，两手交叉，翻掌上撑。

（2）左转至最大幅度。

（3）右转至最大幅度。

八 段 锦

（4）向左倾，重心移到右腿，髋部向右顶出，左脚尖点地。

（5）向右倾，重心移到左腿，髋部向左顶出，右脚尖点地。

（6）体前屈，膝盖伸直，两手指交插尽量接近地面。

(7)两手移到左脚边。

(8)两手移到右脚边。

八 段 锦

（9）两手回到两脚之间，抬头，起身。

（10）两手体后交叉，肘关节伸直，展肩、扩胸。

（11）体前屈，两手向地面方向振摆。

八 段 锦

2. 俯仰

（1）两臂向两侧分开，身体后仰。

（2）两臂带动身体向前屈，膝盖伸直。

（3）微屈膝，两臂垂于体前，弓腰起身。

3. 腰绕环

（1）两手叉腰，做顺时针绕环 3 周。

（2）做逆时针绕环 3 周。

第三章 准备活动

4. 髋绕环

（1）两手叉腰，微屈膝，髋部做顺时针绕环 3 周。

（2）髋部做逆时针绕环 3 周。

第三章 准备活动

扫码即可观看
准备活动 4
躯干运动

第五节　下肢运动

1. 膝盖屈伸

（1）并步，用手掌将膝盖搓热。

（2）膝盖小幅度屈伸8次。

（3）做蹲起8次。

2. 膝绕环

（1）两手扶按膝盖，做顺时针绕环。

（2）做逆时针绕环。

（3）做由内向外的绕环。

（4）做由外向内的绕环。

3. 摆扣脚

（1）开步站立，微屈膝下蹲，两手叉腰或背后。

（2）重心移到右腿，左脚以脚跟为轴，脚尖外摆，屈膝下蹲。

（3）左脚尖内扣回正，重心回到两脚之间。

（4）重心移到左腿，右脚以脚跟为轴，脚尖外摆，屈膝下蹲。

（5）右脚尖内扣回正，重心回到两脚之间。

4. 按佛脚

（1）重心移到右腿，左脚脚跟着地、脚尖跷起。

（2）两手按于左脚尖，左膝伸直。

八段锦

(3) 随着吸气起身，两手上举。

(4) 随着呼气，重心移到左腿，两手按于右脚尖，右腿勾脚、膝盖伸直。

(5) 反复6～8次。

5. 弓步压腿

左腿屈膝在前成左弓步,两手扶按于大腿,右脚跟离地。上下小幅度震颤。换另一侧。

6. 仆步压腿

　　两脚之间至少有三个脚长的距离，重心移到左腿，右腿伸直，右手抓住右脚踝。

　　然后重心移到右腿，左腿伸直。左右交替6～8次。

　　柔韧性较好的习练者可完全蹲下，将屈膝一侧的大小腿相贴。

7. 上下贯通

（1）两手经腹前沿大腿外侧下移至抓住脚踝。

（2）屈膝下蹲，目视前方。

八段锦

（3）起身，两手经两腿内侧上行。

（4）两手经身体两侧向上穿掌，两臂充分外旋，提踵。

（5）脚跟震地，微屈膝下蹲，两手从两侧垂落，虎口拍击大腿外侧。

扫码即可观看
准备活动5
下肢运动

第四章
练习健身气功·八段锦

八 段 锦

第一节 预备势

步骤一：准备活动

腹式呼吸：并步站立，沉肩垂手。两手叠掌覆盖于小腹，大鱼际对准肚脐。顺腹式呼吸，吸气时腹部隆起，呼气时腹部内收。呼吸尽量细、匀、深、长。反复练习直至呼吸平顺、精神放松。

扫码即可观看
预备势准备活动

步骤二：动作学习

1. 动作说明

（1）并步站立，头正颈直，两臂垂于体侧，目视前方。

（2）左脚开步，与肩同宽。

（3）随着吸气，两臂内旋、侧起。

（4）随着呼气，画弧合抱于腹前，微屈膝。两臂呈弧形，掌心对小腹，两手之间相距约一拳。目视前方。

第四章 练习健身气功·八段锦

八段锦

2. 注意事项

（1）脚尖朝前，下蹲时膝盖对正脚尖，不可内扣或外展。

（2）垂直下蹲，不可向前顶髋或塌腰翘臀。

3. 功理作用

通过站桩调整基本身形、调节呼吸、集中注意力，进入练功状态。

扫码即可观看
预备势动作教学

扫码即可观看
预备势连贯练习

步骤三：放松整理

大腿前侧拉伸：站立，左腿屈膝向后抬起，左手将左脚拉至贴紧臀部，保持 10 秒钟。换另外一侧。

扫码即可观看
预备势放松整理

第二节　两手托天理三焦

步骤一：准备活动

1. 颈部活动

抬头、低头至最大幅度。

八 段 锦

2. 肩部活动

（1）提肩，保持 2 秒下落。

（2）向前、向后绕环。

扫码即可观看
第一式准备活动

步骤二：动作学习

1. 动作说明

（1）两臂下落至腹前，两手交叉。

（2）继而两手上托至胸前。

（3）翻掌上撑，目视两手。

（4）两臂继续上撑，腰背竖直，目视前方，保持2秒钟。

八 段 锦

（5）两臂从两侧下落至腹前，指尖相对、掌心向上；微屈膝下蹲。

（6）接做同样动作，共6次。

2. 注意事项

（1）两臂上托时肩膀下沉。

（2）两臂上撑时注意收腹，保持脊柱竖直，对拉拔长。

（3）两臂下落时，松肩、垂肘，手臂呈弧形。

（4）屈膝下蹲时，松腰敛臀，不可塌腰撅臀。

3. 功理作用

（1）舒胸展体，牵拉三焦，畅通人体元气水液流通布散的通道。

（2）手上撑、脚下踩，伸展四肢，拔伸脊柱，缓解颈、肩、腰背肌肉紧张与僵硬。

扫码即可观看
第一式动作教学

扫码即可观看
第一式连贯练习

【养生小知识】

三焦：人体有五脏六腑，三焦为六腑之一，是包容五脏六腑的一个"大府"，具有疏通水道，运行水液的作用。其形态结构，大多认为是指腹腔中的肠系膜及大小网膜等组织。这些组织填充于腹腔脏腑之间，结构比较松散，能通透水液，可渭胃肠中水液渗透到膀胱中去的通道。《素问·灵兰秘典论》说："三焦者，决渎之官，水道出焉。"

步骤三：放松整理

1. 肩部拉伸

左手搭在右肩上，右手托住左肘，向身体方向稍用力，保持10秒钟，换另外一侧。

2. 背部拉伸

两手交叉与肩同高向前伸，低头、含胸、弓腰向后靠，保持10秒钟。

扫码即可观看
第一式放松整理

第三节 左右开弓似射雕

步骤一：准备活动

1. 腕部运动

（1）手腕上翘、下屈。

（2）两手于胸前合掌，左手抓右手向右按压。换另外一侧。

2. 膝部运动

将膝盖搓热，做蹲起动作。

3. 下肢运动

两脚之间大约三个脚长的距离，左腿屈膝、右腿伸直；然后重心换至右腿，右腿屈膝、左腿伸直。左右交替，移动重心。

扫码即可观看
第二式准备活动

步骤二：动作学习

1. 动作说明

（1）左脚向左侧开半步，直立；两手在胸前交叉，左手在外。

八 段 锦

（2）左手呈八字掌向左推出，右手呈拉弓形状置于右肩前；同时，马步下蹲；目视左手方向。

（3）起身重心移至右腿，左腿自然伸展；两手变掌，左手位置不动，右手向右前方画弧至与肩同高；眼看右手方向。

八 段 锦

（4）左脚收回成并步站立，两臂弧形下落至小腹前，指尖相对、掌心向上。

（5）接做右侧动作，唯方向相反；一左一右为1次，共做3次。

（6）最后一动，右脚收回成与肩同宽，微屈膝，两手置于腹前。

八 段 锦

2. 注意事项

（1）两臂于胸前交叉时，手腕相搭，两臂呈弧形，动作饱满。

（2）马步下蹲时，膝盖对正脚尖，不可向内扣膝或过于外开。

（3）八字掌向侧推出时，坐腕立掌，肘关节微屈。

（4）拉弓时，大臂小臂夹紧，不要屈腕，手臂与肩同高。

3. 功理作用

（1）坐腕立掌、八字掌用力，牵拉上肢手太阴肺经和手阳明大肠经，畅通经络。

（2）展肩扩胸刺激背后夹脊，调节心肺功能。

（3）伸臂、扩胸、转头的动作使肩部、手臂、颈部和胸胁部的肌肉、骨骼与韧带得到锻炼。

（4）下蹲马步可加强下肢力量，促进血液回流。

扫码即可观看
第二式动作教学

扫码即可观看
第二式连贯练习

【养生小知识】

1. 手太阴肺经

人体十二正经之一，与肺和大肠有直接的络属关系。主要循行于上肢内侧前缘。主治与肺有关的病症，如咳嗽、咽喉肿痛、喘息、胸闷，上臂、手臂内侧前缘酸痛或厥冷，掌心发热等。

2. 手阳明大肠经

人体十二正经之一，与大肠和肺有直接的络属关系。主要循行于上肢外侧前缘。主治与"津"有关的病症，如口干，流涕或出血，喉咙痛，齿痛，面下肿胀，肩前、上臂部、食指疼痛，活动不利等。

3. 夹脊

穴位名，属经外奇穴。第 1 胸椎至第 5 腰椎棘突下两侧，后正中线旁开 0.5 寸，每侧 17 个穴位。其中胸 1-5 夹脊主治心肺、胸部及上肢疾病。胸 6-12 夹脊主治肠胃、脾、肝、胆疾病。腰 1-5 夹脊主治下肢疼痛，腰、骶、小腹疾病。

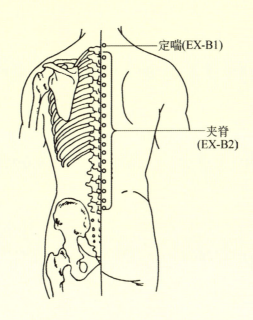

步骤三：放松整理

1. 上肢拉伸

左手前平举，掌心朝前、指尖朝下，右手握住左手向回用力，保持 10 秒钟。两手交换。左手变钩手，钩尖朝外，右手握住钩手，向回用力，保持 10 秒钟，左右交换。

2. 大腿前侧拉伸

站立，左腿屈膝向后抬起，左手将左脚拉至贴紧臀部，保持 10 秒钟。换另外一侧。

扫码即可观看
第二式放松整理

第四节　调理脾胃须单举

步骤一：准备活动

1. 肩部运动

向前、向后绕环。

2. 上肢运动

扩胸、振臂。

扫码即可观看
第三式准备活动

步骤二：动作学习

1. 动作说明

（1）从屈膝状态起身，左手经体前上托于胸前，右手微微上移，左手指尖指向斜上方，右手指尖指向斜下方。

八 段 锦

（2）两手同时翻掌，左手上撑、右手下按；目视前方。

（3）屈膝下蹲，左手从体前下落，右手经体前上移，两手同时回到小腹前，指尖相对、掌心向上。

八 段 锦

（4）接做右侧动作，唯方向相反。一左一右为1次，共做3次。

（5）最后一拍，左手不动，右手从前下落至右髋旁。

2. 注意事项

（1）手上撑时，肘关节微屈，肩膀保持下沉，头正颈直；手指的投影落在肩峰端上。

（2）手下按时，肘关节微屈，指尖朝前，手距离身体约10厘米距离。

3. 功理作用

随着呼吸，一手上撑、一手下按，对拔用力，按摩腹腔，牵拉胁肋部肌肉，促进胃肠蠕动，改善消化功能。

步骤三：放松整理

1. 上肢拉伸

左手前平举，掌心朝前、指尖朝下，右手握住左手向回用力，保持 10 秒钟。两手交换。左手成钩手，钩尖朝外，右手握住钩手，向回用力，保持 10 秒钟，左右交换。

2. 背部拉伸

两手交叉与肩同高向前伸，低头、含胸、弓腰向后靠，保持 10 秒钟。

第五节　五劳七伤往后瞧

步骤一：准备活动

1. 头部运动

左右转头。

2. 胸部运动

扩胸。

扫码即可观看
第四式准备活动

步骤二：动作学习

1. 动作说明

（1）从屈膝状态起身，两臂自然向斜下方伸展，掌心向后。

（2）头向左后转；两臂外旋，肩胛骨收紧。

八段锦

（3）头转正；两臂画弧，于髋关节两侧按掌；屈膝下蹲；同起始动作。

八段锦

（4）接做右侧动作，唯方向相反；一左一右为1次，共做3次。

（5）最后一拍，两臂弧形下落继而上托至腹前，屈膝下蹲。

2. 注意事项

（1）旋臂转头时，保持身体朝前，不一起转动。

（2）转头时，保持头部平移，不抬头或低头。

（3）旋臂转头时，肩膀下沉，将注意力集中在夹脊，收紧肩胛骨的同时不过分挺胸。

3. 功理作用

（1）充分旋臂刺激手三阴三阳经脉，从而畅通经络。

（2）最大幅度转头，刺激大椎穴，解表清热。

（3）夹脊收紧，运动脊柱，改善神经系统功能，调节脏腑气血。

扫码即可观看
第四式动作教学

扫码即可观看
第四式连贯练习

【养生小知识】

五劳七伤：五劳是指肝心脾胃肾这五脏的劳损，亦指"久视伤血、久立伤骨、久行伤筋、久坐伤肉、久卧伤气"。七伤是指喜、怒、忧、思、悲、恐、惊这7种情志活动过度给人体带来损伤。

手三阴三阳经脉：指循行于上肢的6条经脉，均属人体十二正经，分别是手太阴肺经、手阳明大肠经、手厥阴心包经、手少阳三焦经、手少阴心经、手太阳小肠经。

大椎穴：属督脉，手足三阳经交会穴。位于第7颈椎棘突下凹陷中。可治疗咳嗽、气喘、感冒、畏寒、头项强痛、癫痫等病症。

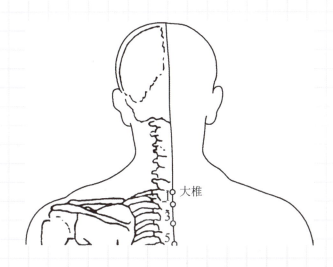

步骤三：放松整理

1. 颈部拉伸

（1）向左转头，在左转的基础上抬头拉伸，保持 10 秒钟；换另一侧。

（2）向左倒头，左手向下按压头部，保持 10 秒钟；在左倒头的基础上向左转头，目视下方，左手辅助向下用力，保持 10 秒钟；换另一侧。

2. 胸背部拉伸

两手交叉与肩同高向前伸，低头、含胸、弓腰向后靠，舒展背部，保持 10 秒钟。两手向两侧分开，抬头、挺胸、塌腰，舒展胸部，保持 10 秒钟。

扫码即可观看
第四式放松整理

八段锦

第六节 摇头摆尾去心火

步骤一：准备活动

1. 头部运动

（1）左右倒头。

（2）向左倒头，然后绕环至仰头姿势，还原。换另外一侧。

2. 髋部运动

向左、前、右、后方向顶髋，绕环。换另外一侧。

3. 腰部运动

顺时针绕环、逆时针绕环。

4. 膝部运动

将膝盖搓热，做绕环动作。

扫码即可观看
第五式准备活动

步骤二:动作学习

1. 动作说明

(1)右脚开步,两掌上托至头顶。

(2)两掌从两侧下落,置于大腿,虎口朝内;马步下蹲;目视前方。

八 段 锦

（3）重心微起。

（4）身体右倾,重心移至右腿。

（5）身体前俯，目视右脚脚尖。

（6）身体前俯，重心移至左腿，目视右脚脚跟。

八段锦

（7）向右前方顶髋，同时头向左、向后绕环1/4周。

（8）髋关节按照前、左、后的顺序绕环。

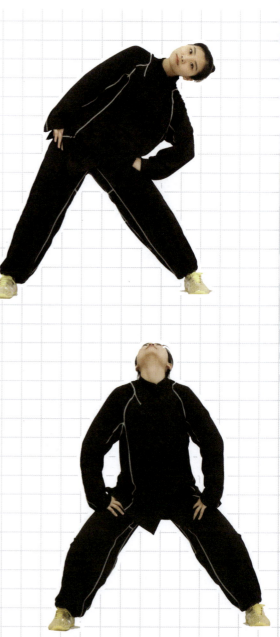

（9）头回正，目视前方；同时，髋回正，回到马步姿势。

八段锦

（10）接做另一侧动作，方向相反。

一左一右为1次，共做3次。

第四章 练习健身气功·八段锦

八段锦

第四章 练习健身气功·八段锦

八段锦

（11）由马步状态起身，两手从体侧上托，右脚回收至与肩同宽。

（12）微屈膝下蹲，两掌从面前下按至腹前，指尖相对。

2. 注意事项

（1）马步时，脚尖朝向前方，膝盖对正脚尖；垂直下蹲，保持上半身直立；下蹲高度因人而异。

（2）向前俯身时，不要低头，上半身不低于水平。

3. 功理作用

同时运动腰、颈部关节，有助于任、督、冲三脉经气的运行，防治颈椎、腰椎疾病，以及心火亢盛所导致的失眠、心烦、心悸等。

扫码即可观看
第五式动作教学

扫码即可观看
第五式连贯练习

【养生小知识】

任脉：奇经八脉之一。主要循行于人体前正中线上，可以统率所有的阴经。主治泌尿生殖系统和下腹部病痛，如不孕、小腹疼痛、月经不调、阳痿、早泄、遗精、遗尿、男子疝气、女子盆腔肿块等。

督脉：奇经八脉之一。主要循行于人体后正中线上，可以统率所有的阳经。主治腰脊强痛、头重头痛、头晕耳鸣、嗜睡、神志病等。

冲脉：奇经八脉之一。上至于头，下至于足，后行于背，前布于胸腹。常用于治疗月经病及不孕症。

步骤三：放松整理

1. 腰髋部拉伸

开步站立，向左侧倾、向右顶髋，重心在右腿，左脚尖点地，保持 5 秒钟；换另一侧。可在侧倾、顶髋的基础上举手，加大拉伸幅度。

2. 腰部放松

将后腰搓热，加速血液循环

3. 髂腰肌拉伸

弓步左腿在前，右腿放平贴于地面，两手托住后腰，微微后仰，保持 10 秒钟；两腿交换。

扫码即可观看
第五式放松整理

第七节　两手攀足固肾腰

步骤一：准备活动

腰部运动：用手掌将后腰搓热。向前俯身、向后仰体。

扫码即可观看
第六式准备活动

步骤二:动作学习

1. 动作说明

(1) 转指尖朝前。

八 段 锦

（2）屈手上举；从屈膝状态起身。

（3）两掌指尖相对经面前下按至胸前。

（4）翻掌，变掌心朝上，从腋下向后反穿，继而用掌心摩运后腰至臀部。

八 段 锦

（5）体前屈，两掌摩运腿的外侧和后侧，经过两脚外侧，直至盖于脚背上；目视前下方。

（6）两掌前伸，起身挺直，两臂顺势上举；目视前方。

（7）共做6次。

（8）两手从前方自然下落，指尖朝前，屈膝下蹲。

2. 注意事项

（1）体前屈时，不要低头。

（2）起身时，手向前延伸、臀部向后延伸，对拉拔长。

（3）患有高血压病、脑血管硬化者及中老年人，躬身和起身时，均需抬头。

3. 功理作用

（1）腰为肾之府，躬身折体可强腰壮肾。

（2）拉伸腿后侧足太阳膀胱经，可同时调节相表里的肾的功能。

扫码即可观看
第六式动作教学

扫码即可观看
第六式连贯练习

【养生小知识】

足太阳膀胱经：人体十二正经之一。主要循行于头、腰背的两侧、下肢后侧、脚的外侧。主治"筋"方面的病症，如躁狂、癫痫、头重痛、眼睛要脱出、腰背部、骶尾部、腘窝、小腿腓肠肌、小脚趾的强直、厥冷、麻木、酸痛等。

步骤三：放松整理

1. 肩部拉伸

左手搭在右肩上，右手托住左肘，向身体方向稍用力，保持5秒钟；在原有动作基础上，向右转腰，目视前方，保持5秒钟；换另外一侧。

2. 背部拉伸

两手交叉与肩同高向前伸，低头、含胸、弓腰向后靠，舒展背部，保持 10 秒钟。

扫码即可观看
第六式放松整理

第八节　攒拳怒目增气力

步骤一：准备活动

1. 上肢运动

（1）两臂前平举，向内旋臂、向外旋臂。

（2）手腕向内绕环，向外绕环。

2. 膝部运动

将膝盖搓热，做蹲起动作。

3. 下肢运动

两脚之间大约有三个脚长的距离，左腿屈膝、右腿伸直；然后重心换至右腿，右腿屈膝、左腿伸直。左右交替，移动重心。

扫码即可观看
第七式准备活动

八 段 锦

步骤二：动作学习

1. 动作说明

（1）左脚向左侧开半步成马步，两手握固于腰间。

（2）冲左拳。目视左手方向，怒目瞪眼。

握固

（3）左手由握固变掌，拇指一侧朝下、掌心朝左。

（4）翘腕掌心朝前，左臂向左旋拧，至指尖朝下。

八 段 锦

（5）左手握固，收回腰间。

（6）接做右侧动作，唯方向相反。一左一右为1次，共做3次。

（7）左脚收回成并步站立，两手变掌落于体侧。

八 段 锦

·116·

2. 注意事项

（1）握固于腰间的手臂注意收紧，不可向外撑起。

（2）马步下蹲高低因人而异。

3. 功理作用

（1）用力攥拳，同时怒目瞪眼可使肝气疏泄条达。

（2）强化下肢力量，强筋健骨。

扫码即可观看
第七式动作教学

扫码即可观看
第七式连贯练习

步骤三：放松整理

大腿拉伸：站立，左腿屈膝向后抬起，左手将左脚拉至贴紧臀部，保持10秒钟。换另外一侧。

扫码即可观看
第七式放松整理

第九节　背后七颠百病消

步骤一：准备活动

脚踝运动：绷脚、勾脚；向内绕环、向外绕环；提踵。

扫码即可观看
第八式准备活动

步骤二：动作学习

1. 动作说明

（1）提踵。

（2）脚跟下落一半。

（3）脚跟震地。

（4）共做7次。

第四章 练习健身气功·八段锦

正面　　　　侧面

八 段 锦

（5）收势

两掌相叠，盖于肚脐。

两掌下落，置于身体两侧，目视前方。

第四章 练习健身气功·八段锦

2. 注意事项

（1）震地要力度宜适中，避免反作用力过大伤害脊柱和大脑。

（2）两手置于身体 2 次，轻贴大腿外侧，肩膀下沉。

（3）收势时，男性左手在内，女性右手在内。

3. 功理作用

（1）提踵可刺激位于脚趾的井穴和脚踝的原穴，从而畅通足三阴三阳经脉，调节脏腑功能。

（2）通过震动，使椎骨之间的关节韧带得到锻炼，有助于脊髓神经功能的增强，防治椎体病变。

扫码即可观看
第八式动作教学

扫码即可观看
第八式连贯练习

【养生小知识】

井穴：人体十二正经各有一井穴，多位于手、足之端，是经气所出的部位。《难经·六十八难》中记载"井主心下满"，在临床上可用于治疗神志病、脏病。

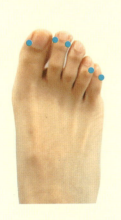 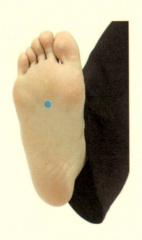 

原穴：十二经脉在腕、踝关节附近各有一个腧穴，是脏腑元气留止的部位。原即本原、元气之意，是人体生命活动的原动力。

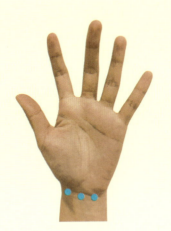 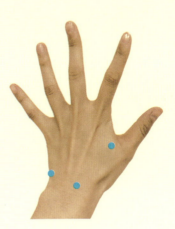

八 段 锦

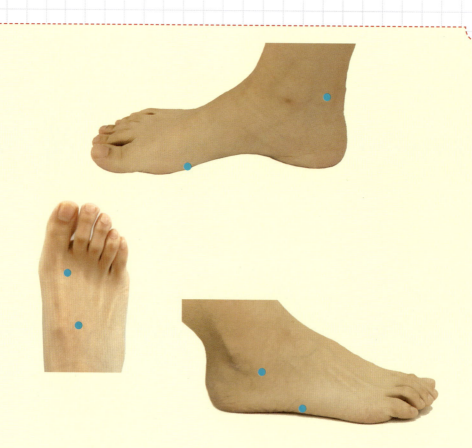

足三阴三阳经脉：指十二正经中循行于下肢的六条经脉，分别是足阳明胃经、足太阴脾经、足太阳膀胱经、足少阴肾经、足少阳胆经、足厥阴肝经。

步骤三:放松整理

周身拍打:拍打大腿前侧、内侧、后侧、外侧。

第五章
放松整理

  本章为大家介绍了四节放松整理活动，可以根据主要练习内容采用其中的某一节、某几节或某几个动作作为练功之后的放松。不仅适用于健身气功、太极拳等比较舒缓的运动项目，也适用于各种球类运动、田径运动、水上运动、户外运动、体操项目、武术套路、体育舞蹈等较为激烈的运动项目，并可作为独立的活动内容进行练习。

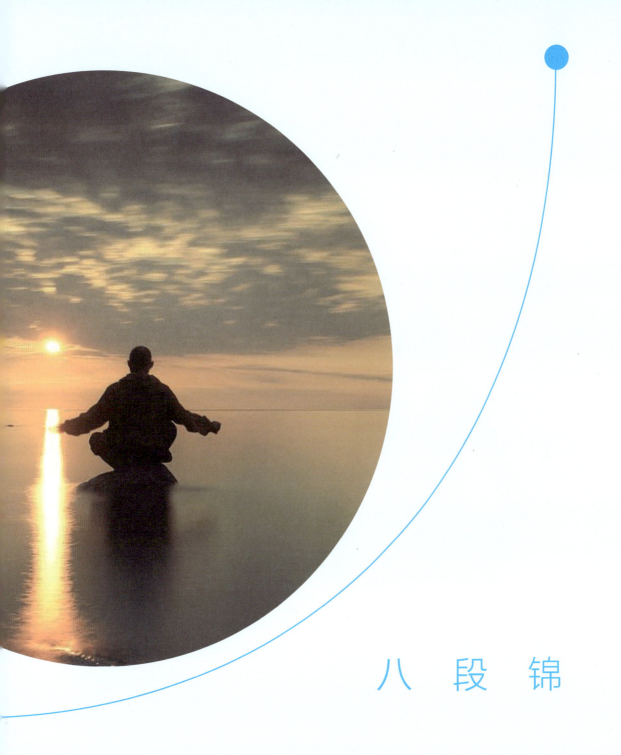

八 段 锦

八 段 锦

第一节 头颈部的放松

1. 上下拉伸

（1）盘坐，两手扶膝，低头，下巴尽量触碰胸骨，保持3～5秒。

（2）仰头，咬紧牙关，保持3～5秒。

（3）低头，两手扶按后脑，向下用力，下巴尽量触碰胸骨，保持3～5秒。

（4）抬头，两手托住下颌，向上用力，咬紧牙关，保持3～5秒。

2. 左右转头拉伸

（1）头向左转，最大幅度，保持3～5秒。

（2）头向右转，最大幅度，保持3～5秒。

（3）头向左转，右手将左手向右拽，同时头向左用力伸出去，保持3～5秒。

（4）头向右转，左右将右手向左拽，同时头向右用力伸出去，保持3～5秒。

（5）低头，向左转头，眼睛顺着左肩向后看，保持3～5秒。

（6）低头，向右转头，眼睛顺着右肩向后看，保持3～5秒。

3. 左右倒头拉伸

（1）头向左倒，尽量靠近左肩，右肩下沉，保持3～5秒。

（2）头向右倒，尽量靠近右肩，左肩下沉，保持3～5秒。

（3）头向左倒，左手按在头上向左下用力，使头尽量靠近左肩，右肩下沉，保持3～5秒。

（4）转头朝向地面方向，左手放在脑后，向下用力，保持3~5秒。

（5）头向右倒，右手按在头上向下用力，使头尽量靠近右肩，左肩下沉，保持3~5秒。

（6）转头朝向地面方向，右手放在脑后，向下用力，保持3~5秒。

扫码即可观看
放松整理1
头颈部放松

第二节　上肢及肩背部的放松

1. 手指拉伸

（1）两手十指分开相对用力，保持3～5秒。

（2）左手握住右手指，向右下方用力，保持3～5秒。

（3）右手握住左手指，向左下方用力，保持3～5秒。

2. 腕臂拉伸

（1）两臂前平举，掌心向上。两手轻握拳，屈肘、屈腕，向身体方向用力，保持3~5秒。

（2）保持上一个姿势，手腕展开向外用力，保持3~5秒。

（3）左手按右手腕背侧，向内用力使手腕屈，保持3～5秒；左右交换。

（4）右臂向前伸直，掌心朝上。左手握住右手向地面方向用力使手腕伸，保持3～5秒；左右交换。

（5）左手变钩手，钩尖朝外，右手握住钩手，向回用力，保持3～5秒钟；左右交换。

3. 肩臂拉伸

（1）两手交叉上撑。

（2）左手向左下方用力拉，右侧肩臂伸展，保持3~5秒；左右交换。

八 段 锦

（3）左臂伸直，右手勾住左手肘部，将左臂向身体方向拉，保持3～5秒。

（4）右手托住左肘，将左臂向身后推，保持3～5秒。

（5）左右交换。

4. 胸背拉伸

（1）两手交叉与肩同高向前伸，低头、含胸、弓腰向后靠，舒展背部，保持3～5秒。

（2）两手向两侧分开，抬头、挺胸、塌腰，做伸懒腰的动作舒展胸部，保持3～5秒。

扫码即可观看
放松整理2
上肢与肩背部放松

第三节　腰脊放松

1. 转腰抡臂

开步站立，左右转腰抡臂，上手敲打肩井，下手轻叩肾俞。

【养生小知识】

肩井：穴位名，属足少阳胆经。位于肩上，第7颈椎棘突下凹陷与肩峰端连线的中点。具有通经理气、豁痰开郁的功效。

肾俞：穴位名，属足太阳膀胱经。位于后腰，第2腰椎棘突下，旁开1.5寸。具有补肾益精的功效。

肩井穴

肾俞穴

2. 卷体

(1) 上体前屈,从颈椎开始,脊柱一节一节向内卷屈,微屈膝,两臂自然垂落触地。

(2) 起身,脊柱一节一节还原舒展,仰头呼气。

3. 伸展

（1）开步站立，两手交叉，翻掌上撑，保持3～5秒。

（2）左转至最大幅度，保持3～5秒。

（3）右转至最大幅度，保持3~5秒。

（4）向左倾，重心移到右腿，髋部向右顶出，左脚尖点地，保持3~5秒。

（5）向右倾，重心移到左腿，髋部向左顶出，右脚尖点地，保持3~5秒。

（6）左右倾的动作，也可一手叉腰辅助支撑。

4. 腰背按摩

仰卧,两手抱膝盖,身体团成一团,前后滚动按摩腰背。

左右滚动按摩腰背。

5. 腰脊拉伸

(1) 仰卧,两手放置于身体两侧约与肩同高。

(2) 左腿屈膝抬起,向右倒,膝盖触地,头向左转,肩膀贴在地面,保持5~10秒;左右交换。

第五章 放松整理

扫码即可观看
放松整理 3
腰背部放松

第四节　下肢放松

1. 大腿前侧拉伸

（1）站立，右手侧平举保持平衡。左腿屈膝向后抬起，左手拉住左脚，让大、小腿贴紧，保持5～10秒。左右交换。

（2）坐位，左腿屈膝，将小腿收在身后，右腿自然伸直。身体向后躺，两手小臂触地支撑，保持5～10秒。左右交换。

2. 臀部拉伸

（1）坐姿，左腿在前，屈膝，右腿在后自然伸展，左腿外侧和右腿前侧接触地面。两手在身体两侧辅助支撑。

（2）随着吸气身体后仰，随着呼气向前俯身趴下，身体尽量贴靠大腿内侧，保持5～10秒。左右交换。

3. 髂腰肌和股后肌群拉伸

（1）左腿在前成左弓步，右腿在后放平贴于地面，重心尽量放低，两手扶按左膝。

（2）两手推膝，使身体微微后仰，保持5～10秒。

（3）重心后移至右腿，左腿伸直，勾脚，右手抓左脚尖，保持5~10秒。

（4）重心前移回到左弓步，两手上举，微微后仰，保持5~10秒。

（5）重心后移至右腿，左腿伸直，勾脚，右手抓左脚尖，左右交换。保持5~10秒。

4. 膝盖拍揉

（1）坐位，屈膝，两手掌将膝盖搓热。

（2）拇指点在髌骨正上方的鹤顶穴，食指点在内膝眼，中指点在外膝眼，同时用力点揉。拍打膝盖及周边区域。

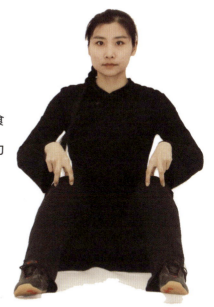

【养生小知识】

鹤顶穴：经外奇穴。位于膝盖上部，髌底中点上方凹陷处。具有舒筋活络，通利关节的作用。

5. 小腿按揉及拉伸

（1）坐姿。两手分别将两腿小腿搓热。

（2）两手拇指同时点按左腿承山穴,以有明显酸胀感为宜；左右交换。

（3）两手同时抱住左脚掌,勾脚,保持 5 ~ 10 秒；左右交换。

承山穴

第五章 放松整理

扫码即可观看
放松整理 4
下肢放松

第六章
八段锦·坐功

　　八段锦坐功是在健身气功·八段锦的基础上创编而成的，是对八段锦不同习练方式的应用与尝试。基本功法结构和内容沿用健身气功·八段锦的思路，在动作上稍加改动以方便学习者在旅途中、办公室、下肢受伤活动不便时也可坚持练习。

八 段 锦

八 段 锦

预备势

1. 动作说明

（1）正身端坐，腰背竖直，头正颈直，两手放置于大腿上。目视前方。

（2）随着吸气，两臂内旋、侧起。

（3）随着呼气，画弧合抱于胸前。两臂呈弧形，约与上腹部同高，掌心朝内，两手之间相距约一拳。目视前方。

2. 注意事项

坐在椅子的前 1/3 处，腰背立直；或后腰贴靠椅背。

3. 功理作用

通过桩功调整基本身形、调节呼吸、集中注意力，进入练功状态。

第一式　两手托天理三焦

1. 动作说明

（1）两手腹前交叉。

八　段　锦

（2）翻掌上撑，目视两手。

（3）两臂继续上撑，腰背竖直，脚趾抓地。目视前方，保持2秒钟。

（4）向左转腰，保持2秒钟。

（5）向右转腰，保持2秒钟。

（6）回正，两臂从两侧下落至腹前，指尖相对、掌心向上。

（7）接做（1）~（6）动作，共6次。

2. 注意事项

（1）两手上托时需沉肩，手臂尽量靠近耳朵。腰背立直，不要含胸弓腰。

（2）转腰时，需头正颈直，腰背竖直；不可含胸弓腰。

3. 功理作用

（1）舒胸展体，牵拉三焦，畅通人体元气水液流通布散的通道。

（2）伸展四肢，拔伸脊柱，缓解颈、肩、腰背肌肉紧张与僵硬。

（3）脚趾抓地，刺激足三阴三阳经络的井穴，调理脏腑功能。

第二式　左右开弓似射雕

1. 动作说明

（1）两掌在胸前交叉，左手在外。

（2）左手呈八字掌向左推出，右手呈拉弓形状置于右肩前；脚趾抓地，下肢绷紧用力；目视左手方向。

（3）两手弧形下落至与小腹同高，随即捧掌于胸前。

（4）接做右侧动作，唯方向相反；一左一右为1次，共做3次。

第六章 八段锦·坐功

2. 注意事项

（1）两臂于胸前交叉时，手腕相搭，两臂呈弧形，动作饱满。

（2）八字掌向侧推出时，坐腕立掌，肘关节微屈，力达指尖。

（3）拉弓时，大臂小臂夹紧，不要屈腕，手臂与肩同高。

（4）肩胛骨收紧，腰背竖直。

3. 功理作用

（1）坐腕立掌、八字掌用力，牵拉上肢手太阴肺经和手阳明大肠经，畅通经络。

（2）展肩扩胸刺激背后夹脊，调节心肺功能。

（3）伸臂、扩胸、转头的动作使肩部、手臂、颈部和胸胁部的肌肉、骨骼与韧带得到锻炼。

（4）脚趾抓地同时下肢用力收紧可加强下肢力量，促进血液回流。

第三式　调理脾胃须单举

1. 动作说明

（1）左掌经体前上托于胸前，右掌微微上移，两手掌心朝内，左手指向右上方、右手指向左下方。

（2）两手同时翻掌，左手上撑、右手下按；左脚向前伸出、绷脚；目视前方。

（3）左手从体前按原路线下落，右手经体前上移，两手同时回到小腹前，指尖相对、掌心向上；左脚收回。

（4）接做右侧动作，唯方向相反。一左一右为1次，共做3次。

2. 注意事项

（1）手上撑时，肘关节微屈，肩膀保持下沉，头正颈直；手指的投影落在肩峰端上。

（2）手下按时，肘关节微屈，指尖朝前，手距离身体约10厘米距离。

3. 功理作用

随着呼吸，一手上撑、一手下按，对拔用力，按摩腹腔，牵拉胁肋部肌肉，促进胃肠蠕动，改善消化功能。同时绷脚刺激足太阴脾经的井穴隐白，畅通经络，增强脾的运化能力。

【养生小知识】

隐白： 属足太阴脾经，井穴，位于大脚趾内侧指甲盖跟脚斜上0.1寸。

足太阴脾经： 人体十二正经之一。主要循行于下肢内侧、腹部两侧。主治脾方面所发生的病症，如舌根部痛、吃不下、心胸烦闷、大便溏、小便不通、黄疸、大腿小腿内侧肿和冷、足大趾不能动等。

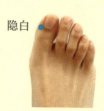

隐白

第四式　五劳七伤往后瞧

1. 动作说明

（1）坐姿。两臂内旋、分别向两侧斜下方伸展、下插，指尖指向斜下方，掌心向后。

（2）头向左后转；两臂外旋，肩胛骨收紧。

（3）头转正；两臂画弧扶按于大腿，指尖斜相对。

八 段 锦

（4）接做右侧动作，唯方向相反；一左一右为1次，共做3次。

2. 注意事项

（1）旋臂转头时，保持身体朝前，不一起转动。

（2）转头时，保持头部平移，不抬头或低头。

（3）旋臂转头时，肩膀下沉，将注意力集中在夹脊，收紧肩胛骨的同时不过分挺胸。

3. 功理作用

（1）充分旋臂刺激手三阴三阳经脉，从而畅通经络。

（2）最大幅度转头，刺激大椎穴，解表清热。

（3）夹脊收紧，运动脊柱，改善神经系统功能，调节脏腑气血。

第五式　摇头摆尾去心火

1. 动作说明

（1）两手扶按于大腿，身体左倾45度，右侧腰部收紧，臀部微微抬离椅子。

（2）头向右转，微向右转体。

八段锦

（3）抬头上看。

（4）下颌回收。

（5）身体回正，头转正，目视前方。

（6）接做右侧动作。

（7）一左一右为1次，共做3次。

2. 注意事项

（1）动作幅度因人而异，侧倾时用一侧的臀部支撑，另一侧腰部收紧，将臀部微微抬离座椅。

（2）转头时微微转体，加强腰髋部的扭转强度。

3. 功理作用

同时运动腰、颈部关节，有助于任、督、冲三脉经气的运行，防治颈椎、腰椎疾病，以及心火亢盛所导致的失眠、心烦、心悸等。同时，活动颈肩腰背部，缓解肌肉紧张僵硬。

第六式　两手攀足固肾腰

1. 动作说明

（1）坐姿。两手并排盖于小腹，指尖朝下。

（2）由下向上、再向两侧画圆按揉腹部。

（3）两手由腹部两侧向后按摩至后腰。

（4）两手沿后腰向下按摩至臀部，体前屈，两掌摩运腿的外侧和后侧。目视前下方。

八段锦

第六章 八段锦·坐功

八 段 锦

（5）两手抓住脚踝，拇指点按太溪穴。

（6）勾脚，抬头。

（7）脚趾抓地、脚跟提起，起身直立，两手沿两腿内侧向上捋，目视前方。

（8）（1）～（7）共做6次。最后一次结束时，两手握拳收于腰间。

2. 注意事项

（1）体前屈时，不要低头。目视前下方。

（2）若无法点到太溪穴，也可点按三阴交或阴陵泉穴。

（3）患有高血压病、脑血管硬化者及中老年人，躬身和起身时，均需抬头，且动作速度要慢、幅度宜小。

3. 功理作用

（1）腰为肾之府，躬身折体可强腰壮肾。

（2）点按太溪穴、勾脚牵拉足底涌泉穴，调理肾功能。

（3）起身时提踵、脚趾抓地，可激活足三阴三阳经井穴，通调下肢气血，强化下肢及腰腹力量。

（4）两手沿两腿内侧和腹部摩运，可调养肝、脾、肾的功能，补养先天、调理后天。

【养生小知识】

太溪穴：属足少阴肾经。在内踝尖与跟腱之间的凹陷处。具有滋阴清热，补益肾阳的作用。主治咽喉肿痛、齿痛、耳聋、耳鸣、目眩、咳血、咳喘、消渴、遗精、失眠、月经不调、小便频数等。

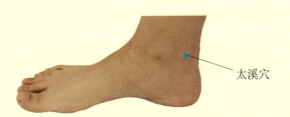

太溪穴

涌泉穴：属足少阴肾经。在足底部，卷足时足前部凹陷处。具有镇静潜阳，回阳救逆的作用。主治眩晕、癫狂、舌干、失音、失眠、便秘、小便不利、足心热、昏厥等。

三阴交穴：属足太阴脾经。

阴陵泉穴：属足太阴脾经。

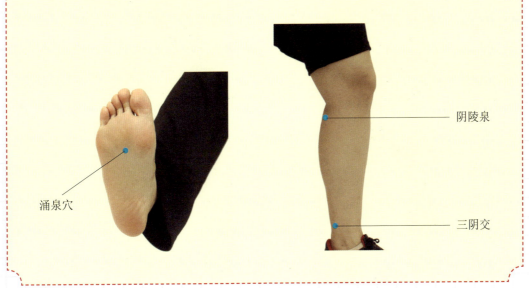

八 段 锦

第七式 攒拳怒目增气力

1. 动作说明

（1）坐姿。两手握拳收于腰间，掌心朝内贴于章门穴。

（2）左拳用力冲出，屈肘，手臂约与胸同高；脚趾抓地，目视左手方向，怒目瞪眼，咬紧牙关。

（3）左手内旋、由拳变掌，拇指一侧朝下、掌心朝左；脚趾抓地。

（4）翘腕掌心朝前，左臂向左旋拧，至指尖朝下；脚趾抓地。

八 段 锦

（5）左手从小指开始依次卷指、握拳，收回腰间；脚趾放松。

（6）接做右侧动作，唯方向相反。一左一右为1次，共做3次。

拳

2. 注意事项

（1）冲拳之前，两拳挤压章门穴。

（2）冲拳时呼气配合发力。

（3）冲拳、旋腕的过程中保持下肢绷紧用力、脚趾抓地，在手回收的时候放松。

3. 功理作用

（1）用力攥拳，以气催力冲拳，同时怒目瞪眼可使肝气疏泄通达。

（2）脚趾抓地、下肢用力绷紧可强化下肢力量，强筋健骨。

第八式　背后七颠百病消

1. 动作说明

（1）坐姿。提踵、用脚尖支撑点地；同时两手变掌向上穿出至脸颊两侧、两臂外旋。

正面

侧面

八 段 锦

（2）两臂内旋、继续向上穿出至头顶。

（3）两臂外旋回正、下落至脸颊两侧，掌心相对。

(4)两手经面前下按至胸前。

(5)两手从胸前加速下按至腹前,同时脚跟震地。

(6)(1)~(5)共做7次。

八段锦

（7）收势。两掌相叠，盖于肚脐。两掌下落，扶按于大腿，正身端坐，目视前方。

2. 注意事项

（1）脚跟震地与两手下按发力协调配合，以气催力。

（2）收势时，男性左手在内，女性右手在内。

3. 功理作用

（1）提踵可刺激位于脚趾的井穴和脚踝的原穴，从而畅通足三阴三阳经脉，调节脏腑功能。

（2）用足跟震地，刺激生殖反射区，调理生殖泌尿功能。

参考文献

[1] 杨柏龙主编.《健身气功·八段锦》[M].人民体育出版社，2018.

[2] 孙广仁主编.《中医基础理论》[M].中国中医药出版社，2007.

[3] 郑美凤主编.《经络腧穴学》[M].中国中医药出版社，2012.

[4] 刘天君主编.《中医气功学》[M].中国中医药出版社，2010.